EFEITO QU IA

A Liderança Inteligente em Vuca

KATIA DORIA FONSECA VASCONCELOS

Dedicatória:

Aos meus amados filhos, Mario (Teik), Bruna, Victor e Bárbara, que são a inspiração e o motivo de minha busca incessante pelo conhecimento. Vocês são minha força e motivação para compartilhar minhas ideias e experiências.

Ao meu marido José de Vasconcelos Filho, cuja colaboração e apoio foram fundamentais na criação deste livro. Sua dedicação e suporte inabaláveis são um presente precioso em minha vida.

Aos meus queridos netos, Davi, Vivi e João Gabriel, que representam a continuidade de nossas histórias e a esperança de um futuro brilhante. Que este livro possa inspirá-los a explorar suas paixões e a buscar a verdade em todas as coisas.

Aos meus genros e noras, Nikolas Bucvar, Eduardo, Jana e Jacque, que fortalecem nossa família com seu amor, apoio e contribuições valiosas.

Agradeço por fazerem parte dessa jornada e por compartilharem suas perspectivas e experiências enriquecedoras.

Que esteja dedicado a todos vocês, minha amada família, com todo o meu amor e gratidão.

Katia Doria Fonseca Vasconcelos

INTRODUÇÃO

No mundo VUCA, onde a volatilidade, a incerteza, a complexidade e a ambiguidade são constantes, a liderança tradicional baseada em hierarquias verticais já não é mais eficaz para enfrentar os desafios e incertezas que permeiam o ambiente empresarial. As organizações precisam adotar uma nova abordagem de liderança que seja ágil, adaptável e colaborativa.

Nesse contexto, surge o conceito do efeito QU IA, que representa a combinação poderosa entre o Quociente de Inteligência Universal Sincrônico (QU) e a aplicação estratégica da Inteligência Artificial (IA). Essa abordagem inovadora busca equilibrar os potenciais humanos com o apoio tecnológico, transformando a liderança em uma força impulsionadora de estabilidade em meio ao caos.

O efeito QU IA funciona como o bater de asas de uma borboleta, desencadeando uma série de eventos e causando um efeito em cascata. Da mesma forma, a liderança inteligente embasada no efeito QU IA tem o poder de influenciar positivamente o curso dos acontecimentos, direcionando a transformação do VUCA para uma nova era de estabilidade e sucesso.

Ao equilibrar os potenciais humanos representados pelo QU com a aplicação estratégica da IA, é possível criar um ambiente de trabalho colaborativo, comprometido e produtivo. A liderança deixa de ser vertical e se torna compartilhada, valorizando a colaboração e a sinergia entre os membros da equipe. Essa abordagem permite que todos tenham a oportunidade de contribuir e influenciar os resultados, potencializando as habilidades individuais em prol do coletivo.

A aplicação estratégica da IA na liderança inteligente traz benefícios significativos, facilitando a comunicação, otimizando processos e fornecendo suporte na tomada de decisões. As tecnologias de IA podem ser utilizadas para compartilhar informações, analisar dados e identificar padrões, contribuindo para uma tomada de decisão embasada e eficiente.

Ao adotar o efeito QU IA na liderança em um mundo VUCA, as organizações estarão mais bem preparadas para enfrentar os desafios com confiança, adaptabilidade e eficiência. A liderança compartilhada e colaborativa, aliada ao uso estratégico da IA, impulsiona a criação de um ambiente de trabalho mais inovador, resiliente e produtivo.

Neste livro, exploraremos a fundo o poder do efeito QU IA na liderança inteligente em um mundo VUCA. Analisaremos estudos de caso, pesquisas científicas e teorias relevantes para fornecer uma visão abrangente e fundamentada sobre como utilizar o efeito borboleta do QU IA para influenciar positivamente a transformação do VUCA. Ao longo das próximas páginas, você descobrirá como esse conceito pode catalisar a mudança e impulsionar a estabilidade e o sucesso em sua organização.

Esperamos despertar seu interesse e convidá-lo a embarcar nessa jornada de descoberta e transformação. Vamos explorar juntos o poder do efeito QU IA e sua aplicação na liderança inteligente em um mundo em constante movimento.

Considerações Iniciais

Na era do mundo VUCA, a liderança vertical tradicional já não se mostra eficaz para enfrentar os desafios e incertezas que permeiam o ambiente empresarial. Para que as organizações prosperem nesse cenário em constante transformação, é fundamental adotar uma nova abordagem de liderança. Nesse contexto, as lideranças devem se preparar para uma nova forma de atribuição de suas funções, onde a colaboração e a sinergia entre os membros da equipe são valorizadas.

Ao implementar o conceito do QU em toda a equipe, é possível alcançar resultados extraordinários. O QU atua como uma força impulsionadora, que estimula a colaboração, o comprometimento e a produtividade dos membros da equipe. Por meio da calibração do QU em cada indivíduo, criamos um ambiente propício para a criação, inovação e resolução de problemas complexos.

Nessa nova forma de liderança, o foco deixa de ser apenas a figura do líder no topo da hierarquia e passa a ser a equipe como um todo. As funções são atribuídas com base nas competências individuais, e o trabalho em equipe se torna uma prioridade. A liderança deixa de ser vertical e passa a ser uma liderança compartilhada, na qual todos têm a oportunidade de contribuir e influenciar os resultados.

A colaboração se torna a base para a tomada de decisões, permitindo a integração de diferentes perspectivas e o aproveitamento máximo do potencial de cada membro da equipe. A sinergia gerada pela calibração do QU resulta em uma dinâmica de trabalho mais harmoniosa, em que os talentos individuais se complementam e se fortalecem mutuamente.

Além disso, a calibração do QU proporciona um ambiente de trabalho mais positivo e motivador. Os membros da equipe sentem-se mais engajados, pois sabem que suas contribuições são valorizadas e que fazem parte de um todo maior. Essa conexão entre os indivíduos promove um senso de pertencimento e propósito, impulsionando a produtividade e a realização dos objetivos organizacionais.

Portanto, é imprescindível que as lideranças estejam preparadas para essa nova forma de atribuição de funções, onde a liderança colaborativa e a calibração do QU são fundamentais. Ao adotar essa abordagem, as organizações estarão mais bem posicionadas para lidar com a volatilidade, incerteza, complexidade e ambiguidade do mundo VUCA. A colaboração e o equilíbrio do QU se tornam a chave para uma equipe mais colaborativa, comprometida e produtiva, pronta para enfrentar os desafios e obter resultados excepcionais.

A transição para uma liderança compartilhada e colaborativa não é uma tarefa simples. Enquanto o modelo hierárquico tradicional já se encontra enraizado nas práticas empresariais, a adoção de uma abordagem de liderança mais horizontal requer uma transformação cultural e estrutural em toda a organização. É necessário que a liderança da empresa, desde o topo hierárquico até os níveis mais baixos, esteja alinhada com essa nova era do compartilhamento.

Nessa nova abordagem, o conceito QU (Quociente de Inteligência Universal Sincrônico) e as ferramentas oferecidas por ele desempenham um papel fundamental. O QU fornece uma estrutura que ajuda a desenvolver as habilidades necessárias para uma liderança compartilhada, como a capacidade de ouvir, comunicar de forma clara e transparente, e incentivar a participação ativa de todos os membros da equipe. Através do equilíbrio do QU, os líderes são capacitados a tomar decisões mais informadas, considerando diferentes perspectivas e maximizando o potencial de cada indivíduo.

Além disso, a IA (Inteligência Artificial) é perfeitamente encaixada nesse tipo de gerenciamento colaborativo. As tecnologias de IA podem desempenhar um papel crucial na facilitação da comunicação, no compartilhamento de informações e no apoio à tomada de decisões. Por exemplo, chatbots podem ser utilizados para fornecer suporte imediato e responder a dúvidas da equipe, permitindo que os líderes se concentrem em tarefas estratégicas e no desenvolvimento das habilidades de seus liderados. Algoritmos de IA também podem auxiliar na análise de dados e na identificação de padrões, contribuindo para uma tomada de decisão mais embasada e eficiente.

No entanto, é importante ressaltar que a implementação da liderança compartilhada e do uso da IA apresentam desafios organizacionais significativos. A mudança de mentalidade e a quebra de paradigmas podem encontrar resistência por parte dos líderes estabelecidos, que podem se sentir ameaçados pela perda de poder e controle. Portanto, é necessário um trabalho cuidadoso de sensibilização, capacitação e envolvimento de todos os membros da organização, desde os líderes até a equipe de colaboradores, para que haja uma compreensão comum dos benefícios dessa abordagem.

Ademais, a liderança compartilhada requer uma cultura organizacional aberta e inclusiva, na qual as vozes de todos sejam ouvidas e valorizadas. Isso demanda a criação de espaços de diálogo, a promoção da diversidade e a valorização das contribuições individuais. A confiança mútua entre líderes e liderados também se torna essencial para o sucesso desse modelo, permitindo o compartilhamento de responsabilidades e a tomada de decisões conjunta.

Ao adotar a liderança compartilhada e utilizar as ferramentas fornecidas pelo conceito QU, combinadas com o potencial da IA, as organizações estarão mais bem preparadas para enfrentar os desafios da atualidade. A capacidade de adaptar-se rapidamente, inovar e tomar decisões embasadas se torna uma vantagem competitiva significativa. A liderança compartilhada, aliada à tecnologia, possibilita a criação de um ambiente de trabalho mais colaborativo, comprometido e produtivo, impulsionando o sucesso da organização como um todo.

Esperamos que você tenha compreendido a importância e o potencial do efeito QU IA na liderança inteligente em um mundo VUCA. Ao longo deste livro, aprofundaremos ainda mais esses conceitos, fornecendo exemplos práticos, insights e orientações para que você possa aplicá-los em sua própria jornada de liderança. Estamos prontos para explorar juntos o poder do efeito QU IA e transformar o VUCA em uma era de estabilidade e sucesso.

SUMÁRIO

19

COMPREENDENDO OS PRINCÍPIOS DO QU

O sucesso humano é impulsionado pelo equilíbrio dos princípios do QU (Quociente de Inteligência Universal Sincrônico), um conceito respaldado por pesquisas científicas e estudos de caso. Diversos especialistas e pesquisadores exploraram os aspectos do QU e seu impacto em diferentes áreas da vida humana, fornecendo insights valiosos sobre como aplicar esses princípios de forma eficaz.

Um estudo conduzido por pesquisadores da Universidade de Stanford revelou a importância do desenvolvimento da resiliência e do controle emocional na obtenção de resultados positivos em carreiras e relacionamentos. Essa pesquisa destacou como a capacidade de lidar com adversidades e controlar as emoções contribui para a tomada de decisões acertadas e a construção de relacionamentos saudáveis e produtivos.

Clayton Christensen, renomado professor de Administração de Empresas em Harvard, enfatizou que a inovação disruptiva requer uma mudança de abordagem e a superação de paradigmas ultrapassados. Ele ressaltou que o sucesso está em abraçar a mudança e adaptar-se rapidamente às novas circunstâncias.

Daniel Kahneman, psicólogo e economista ganhador do Prêmio Nobel, nos lembra que nossas decisões são influenciadas pela forma como vemos os problemas. Ao adotarmos uma perspectiva positiva e encararmos os desafios como oportunidades de aprendizado, podemos tomar decisões mais acertadas e alcançar resultados superiores. A teoria da inteligência emocional, desenvolvida por Daniel Goleman, também se alinha ao conceito do QU, enfatizando a importância do equilíbrio emocional para o sucesso pessoal e profissional.

Howard Gardner, renomado psicólogo e professor da Harvard Graduate School of Education, destaca a importância de equilibrar e desenvolver todas as nossas inteligências. Ele nos encoraja a reprogramar nossa abordagem educacional, valorizando não apenas a inteligência lógico-matemática, mas também a inteligência emocional, musical, espacial e outras, permitindo-nos explorar todo o nosso potencial.

Esses grandes nomes, juntamente com outros defensores do pensamento inovador, reforçam a importância de adotar uma nova perspectiva diante dos problemas. Ao compreendermos e aplicarmos os princípios do QU - Visão 360, Resiliência, Adaptabilidade, Controle Emocional e Sincronicidade - estaremos preparados para enfrentar os desafios com confiança, criatividade e eficácia.

Cada um desses princípios desempenha um papel fundamental na busca do equilíbrio e no desenvolvimento de nossos potenciais. A Visão 360 envolve ter uma perspectiva ampla e abrangente de todas as dimensões de nossa vida, compreendendo as interconexões entre diferentes áreas e identificando oportunidades que outros podem não perceber.

A Resiliência nos capacita a lidar com adversidades, superar obstáculos e nos recuperar rapidamente de situações desafiadoras. Desenvolver a resiliência significa aprender com as experiências difíceis, buscar soluções criativas e continuar avançando, mesmo diante de dificuldades.

A Adaptabilidade nos permite ajustar e adaptar a diferentes circunstâncias e demandas. É a habilidade de ser flexível, aberto a

24

mudanças e disposto a experimentar novas abordagens. Desenvolver a adaptabilidade nos desafia a sair da zona de conforto, experimentar novas formas de fazer as coisas e nos adaptar às mudanças em nosso ambiente.

O Controle Emocional é fundamental para lidar com situações de pressão e estresse. Ao desenvolvermos o controle emocional, somos capazes de reconhecer nossas emoções, gerenciá-las de forma eficaz e tomar decisões racionais, mantendo o equilíbrio emocional em situações desafiadoras.

A Sincronicidade se refere à harmonia e coordenação de nossas ações no ambiente em que estamos inseridos. É a habilidade de sincronizar nossas tarefas, projetos e objetivos para obter um fluxo de trabalho eficiente e eficaz. Desenvolver a sincronicidade nos desafia a organizar nossas atividades, estabelecer prioridades e encontrar maneiras de otimizar nosso tempo e recursos.

Ao compreendermos esses princípios e buscarmos o equilíbrio entre eles, estaremos mais preparados para enfrentar os desafios do ambiente empresarial e alcançar o sucesso pessoal e profissional. No próximo capítulo, aprofundaremos nossa compreensão sobre cada um desses princípios e como aplicá-los de forma prática em nossas vidas.

OS PRINCÍPIOS DO QU E SUA APLICAÇÃO NA LIDERANÇA

A abordagem do QU (Quociente de Inteligência Universal Sincrônico) oferece uma estrutura poderosa para compreender e equilibrar os potenciais humanos. Esses princípios do QU podem ser aplicados na liderança de equipes, permitindo que os líderes desenvolvam ambientes de trabalho mais colaborativos, produtivos e alinhados com os objetivos organizacionais.

O primeiro princípio, a Visão 360, envolve ter uma perspectiva ampla e abrangente de todas as dimensões do trabalho e da equipe. Os líderes que aplicam esse princípio buscam considerar diferentes perspectivas, ouvindo ativamente os membros da equipe e levando em conta suas contribuições e ideias. Ao valorizar a diversidade de opiniões, experiências e conhecimentos, os líderes podem tomar decisões mais informadas e criar um ambiente de trabalho inclusivo e participativo.

A Resiliência é outro princípio essencial na liderança. Os líderes resilientes são capazes de lidar com adversidades e superar obstáculos de forma eficaz. Eles são modelos de resiliência para a equipe, demonstrando como enfrentar desafios e aprender com as experiências. Ao cultivar a resiliência na equipe, os líderes promovem uma mentalidade positiva diante das adversidades, encorajando a inovação e a busca de soluções criativas.

A Adaptabilidade é fundamental para liderar em um ambiente em constante mudança. Os líderes adaptáveis são flexíveis e abertos a novas ideias, ajustando-se rapidamente às demandas e aos desafios emergentes. Eles encorajam a experimentação e a aprendizagem contínua, permitindo que a equipe se adapte e evolua juntamente com as transformações do mercado. Ao promover a adaptabilidade, os líderes garantem que a equipe esteja preparada para enfrentar novos desafios e aproveitar oportunidades.

O Controle Emocional desempenha um papel crucial na liderança eficaz. Os líderes que possuem controle emocional são capazes de manter a calma e a clareza mental, mesmo diante de situações estressantes ou desafiadoras. Eles demonstram equilíbrio emocional, o que inspira confiança na equipe e facilita a tomada de decisões fundamentadas. Ao desenvolver o controle emocional, os líderes criam um ambiente de trabalho mais estável e produtivo.

Por fim, a Sincronicidade é essencial para liderar equipes de forma eficiente. Os líderes sincronizados são capazes de coordenar as atividades e os prazos da equipe, garantindo um fluxo de trabalho harmonioso e eficaz. Eles estabelecem metas claras, definem prioridades e promovem a colaboração entre os membros da equipe. Ao promover a sincronicidade, os líderes maximizam a eficiência da equipe e impulsionam a conquista de resultados.

Ao compreender e aplicar os princípios do QU na liderança, os líderes são capazes de desenvolver equipes mais equilibradas, engajadas e capazes de enfrentar os desafios do ambiente empresarial em constante transformação. Utilizando o teste do QU como uma métrica para avaliar o equilíbrio e o desenvolvimento dos potenciais, os líderes podem identificar áreas de fortalecimento, acompanhar a evolução ao longo do tempo e fornecer feedback direcionado. Essa abordagem orientada pelo QU promove um ambiente de trabalho mais saudável e produtivo, impulsionando o sucesso da equipe e da organização como um todo.

Para exemplificar um teste de QU vamos utilizar um modelo de desafio:

DESAFIO DE PROJETO

Apresentação de desafios relacionados ao planejamento e execução de projetos Perguntas e exercícios práticos para testar e desenvolver habilidades de organização, gerenciamento de recursos e pensamento estratégico

No capítulo anterior, discutimos a importância de se preparar para os desafios apresentados neste livro. Agora é hora de colocar em prática o conhecimento adquirido e enfrentar o primeiro desafio: o Desafio de Projeto.

O Desafio de Projeto é projetado para testar suas habilidades de planejamento, organização e execução de projetos. Ao enfrentar esse desafio, você terá a oportunidade de aplicar os princípios do QU - Visão 360, Resiliência, Adaptabilidade, Controle Emocional e Sincronicidade - em um contexto real.

A seguir, apresentaremos uma série de perguntas e exercícios práticos para auxiliá-lo nesse desafio e desenvolver suas habilidades relacionadas a projetos:

Definição de Objetivos: Comece definindo claramente os objetivos do projeto. Quais são os resultados que você deseja alcançar? Quais são os critérios de sucesso para o projeto?

Identificação de Recursos: Liste todos os recursos necessários para o projeto, como pessoas, materiais, tempo e orçamento. Como você pode obter esses recursos? Quais são as limitações ou restrições que você precisa considerar?

Análise de Riscos: Identifique os possíveis riscos associados ao projeto. Quais são as ameaças que podem impactar o sucesso do projeto? Como você pode mitigar esses riscos e se preparar para lidar com eles?

Planejamento de Etapas: Divida o projeto em etapas ou fases. Quais são as principais tarefas que precisam ser realizadas em cada etapa? Quais são as dependências entre as tarefas? Como você pode organizar e priorizar essas etapas de forma eficiente?

Alocação de Responsabilidades: Atribua responsabilidades claras para cada tarefa do projeto. Quem será responsável pela execução de cada etapa? Como você pode garantir uma comunicação clara e eficaz entre os membros da equipe?

Gerenciamento de Tempo: Desenvolva um cronograma realista para o projeto. Quais são os prazos para cada etapa? Como você pode garantir que o projeto esteja progredindo de acordo com o cronograma? Quais estratégias você pode usar para lidar com possíveis atrasos?

Monitoramento e Avaliação: Estabeleça métricas e indicadores para acompanhar o progresso do projeto. Como você irá monitorar o desempenho em relação aos objetivos estabelecidos? Como você irá avaliar o sucesso do projeto?

Ao enfrentar o Desafio de Projeto, lembre-se de aplicar os princípios do QU em todas as etapas. Mantenha uma visão 360, considerando todas as dimensões do projeto. Seja resiliente diante dos desafios e obstáculos que possam surgir. Esteja aberto a adaptar-se às mudanças e buscar soluções inovadoras. Mantenha o controle emocional, tomando decisões racionais e eficazes. E sincronize suas ações, garantindo um fluxo de trabalho eficiente e coordenado.

Por meio das perguntas e exercícios práticos apresentados neste capítulo, você terá a oportunidade de testar suas habilidades de organização, gerenciamento de recursos e pensamento estratégico. Ao enfrentar esse desafio, você fortalecerá seus princípios do QU e desenvolvendo suas capacidades para o sucesso em projetos futuros.

Prepare-se para colocar suas habilidades à prova e mergulhar de cabeça no Desafio de Projeto. Estamos confiantes de que você será capaz de enfrentar os desafios com confiança, criatividade e eficácia. Lembre-se, a jornada de desenvolvimento e equilíbrio do QU está apenas começando.

TESTE DE QU:

Após concluir o planejamento da viagem de aventura, é hora de se autoavaliar em relação aos princípios do QU. Responda às seguintes perguntas e marque a opção que melhor descreve sua abordagem ao tomar decisões relacionadas à viagem:

Visão 360:

Eu considero diferentes perspectivas ao tomar decisões relacionadas à viagem.
a) Não considero perspectivas adicionais.
b) Considero algumas perspectivas adicionais.
c) Considero várias perspectivas adicionais.
d) Considero uma ampla gama de perspectivas adicionais.

Resiliência:

Eu lido de forma eficaz com imprevistos ou obstáculos que possam surgir durante a viagem.

a) Tenho dificuldade em lidar com imprevistos.
b) Consigo superar alguns obstáculos.

c) Sou resiliente na maioria das situações.
d) Sou altamente resiliente e capaz de lidar com qualquer obstáculo.

Adaptabilidade:

Eu me ajusto facilmente a mudanças de planos ou circunstâncias inesperadas durante a viagem.
a) Tenho dificuldade em me adaptar a mudanças.
b) Consigo me ajustar com algum esforço.
c) Sou flexível e me adapto bem a mudanças.
d) Sou altamente adaptável e lido facilmente com qualquer mudança.

Controle Emocional:

Eu mantenho o controle emocional diante de situações estressantes ou desafiadoras durante a viagem.

a) Tenho dificuldade em manter o controle emocional.
b) Consigo me recuperar rapidamente de situações estressantes.
c) Tenho bom controle emocional na maioria das situações.
d) Sou capaz de lidar com qualquer situação com calma e equilíbrio emocional.

Sincronicidade:

Eu coordeno minhas atividades e prazos durante a viagem para manter um fluxo de trabalho harmonioso.

a) Tenho dificuldade em sincronizar minhas atividades.
b) Consigo manter um fluxo de trabalho razoável.
c) Minhas atividades estão bem coordenadas na maioria das vezes.
d) Consigo manter um fluxo de trabalho harmonioso e coordenado em todos os aspectos da viagem.

Após responder a essas perguntas e atribuir uma pontuação a cada uma delas, some os pontos e avalie seu equilíbrio geral em relação aos princípios do QU:

a: 0 pontos
b: 1 ponto
c: 2 pontos
d: 3 pontos

Some os pontos e avalie seu equilíbrio geral:
0 a 5 pontos: Há oportunidades significativas de melhorar seu equilíbrio nos princípios do QU.

Identifique áreas específicas em que você pode trabalhar para fortalecer esses princípios.

6 a 10 pontos: Você está no caminho certo, mas ainda há espaço para aprimorar seu equilíbrio nos princípios do QU. Continue focando e praticando esses princípios em suas futuras aventuras.

11 a 15 pontos: Parabéns seu QU é 100! Você demonstrou um alto nível de equilíbrio nos princípios do QU em seu planejamento de viagem. Continue aplicando esses princípios em outras áreas da sua vida.

O teste apresentado segue a estrutura de um teste de QU, onde são feitas perguntas relacionadas aos princípios do QU e atribuídas pontuações para cada resposta. Esse tipo de teste visa avaliar o equilíbrio dos potenciais do QU em um determinado contexto, no caso, a tomada de decisões relacionadas a uma viagem de aventura.

No teste, são abordados os princípios do QU, como Visão 360, Resiliência, Adaptabilidade, Controle Emocional e Sincronicidade. Cada princípio é avaliado por meio de perguntas que medem a capacidade do indivíduo em aplicar esses princípios em situações específicas. Ao atribuir pontos às respostas, é possível obter uma pontuação geral que reflete o equilíbrio dos potenciais do QU.

Esse tipo de teste de autoavaliação é uma ferramenta útil para as pessoas identificarem áreas em que podem melhorar seus potenciais e desenvolver uma liderança mais eficaz. Ao compreender seus pontos fortes e áreas de melhoria em relação ao QU, os indivíduos podem trabalhar no desenvolvimento de habilidades específicas e buscar um maior equilíbrio em seus potenciais, permitindo uma liderança mais eficaz e adaptável no mundo VUCA.

Com base no exemplo de teste do QU, os líderes podem utilizar essa metodologia para avaliar o QU dos colaboradores de suas equipes. Ao atribuir objetivos específicos a cada desafio dentro dos projetos em desenvolvimento, o teste pode ser aplicado para medir o desempenho dos colaboradores em relação aos princípios do QU, como Visão 360, Resiliência, Adaptabilidade, Controle Emocional e Sincronicidade.

Utilizando a IA parametrizada com os princípios do QU, é possível coletar dados relevantes sobre o desempenho dos colaboradores e analisar riscos em relação aos projetos. A IA pode ser usada para identificar padrões, avaliar o equilíbrio dos potenciais do QU em cada colaborador e fornecer insights valiosos para a tomada de decisões.

Essa abordagem proporciona uma visão mais ampla e objetiva do desempenho dos colaboradores em relação aos potenciais do QU. Com base nos resultados obtidos, os líderes podem implementar estratégias de desenvolvimento pessoal, oferecer treinamentos específicos para fortalecer os potenciais identificados como áreas de melhoria e promover um ambiente de trabalho que favoreça o crescimento e a colaboração.

Portanto, a aplicação do QU em conjunto com a IA parametrizada oferece uma abordagem inovadora para aferir o desempenho dos colaboradores, identificar áreas de desenvolvimento e promover um equilíbrio dos potenciais humanos em prol do sucesso dos projetos e do bom atendimento aos clientes.

o QU pode ser utilizado como um parâmetro e uma métrica para avaliar o equilíbrio e o desenvolvimento dos potenciais humanos. Ao aplicar o teste do QU, é possível obter um quociente que representa o nível de equilíbrio entre os potenciais do indivíduo ou da equipe.

Através do teste QU, é possível identificar áreas em que os potenciais estão mais fortes ou mais fracos, permitindo um direcionamento claro para o desenvolvimento pessoal e profissional. Ao realizar avaliações periódicas utilizando o teste QU, é possível acompanhar a evolução dos potenciais ao longo do tempo e verificar o progresso alcançado.

Essa abordagem baseada no teste QU oferece uma maneira objetiva de mensurar e avaliar o desenvolvimento dos potenciais, fornecendo insights valiosos sobre as áreas que requerem maior atenção e investimento. Além disso, permite que os líderes acompanhem o crescimento individual e coletivo, proporcionando um feedback direcionado e personalizado.

Portanto, ao aplicar o teste QU e acompanhar a evolução ao longo do tempo, é possível utilizar essa métrica para impulsionar o desenvolvimento dos potenciais e alcançar resultados mais equilibrados e eficazes.

o QU pode ser utilizado como um parâmetro e uma métrica para avaliar o equilíbrio e o desenvolvimento dos potenciais humanos. Ao aplicar o teste do QU, é possível obter um quociente que representa o nível de equilíbrio entre os potenciais do indivíduo ou da equipe.

Através do teste QU, é possível identificar áreas em que os potenciais estão mais fortes ou mais fracos, permitindo um direcionamento claro para o desenvolvimento pessoal e profissional. Ao realizar avaliações periódicas utilizando o teste QU, é possível acompanhar a evolução dos potenciais ao longo do tempo e verificar o progresso alcançado.

Essa abordagem baseada no teste QU oferece uma maneira objetiva de mensurar e avaliar o desenvolvimento dos potenciais, fornecendo insights valiosos sobre as áreas que requerem maior atenção e investimento. Além disso, permite que os líderes acompanhem o crescimento individual e coletivo, proporcionando um feedback direcionado e personalizado.

Portanto, ao aplicar o teste QU e acompanhar a evolução ao longo do tempo, é possível utilizar essa métrica para impulsionar o desenvolvimento dos potenciais e alcançar resultados mais equilibrados e eficazes.

MAXIMIZANDO O POTENCIAL DAS EQUIPES

O Impacto da Liderança Inteligente no Engajamento das Equipes

Uma liderança inteligente baseada nos princípios do QU tem um impacto significativo no engajamento das equipes. Ao adotar uma abordagem colaborativa e compartilhada, os líderes promovem um ambiente de trabalho em que todos os membros da equipe se sintam valorizados e tenham a oportunidade de contribuir ativamente para os objetivos organizacionais.

Uma liderança inteligente incentiva a participação ativa dos colaboradores, ouvindo suas ideias, opiniões e preocupações. Os líderes compreendem a importância de construir relacionamentos de confiança e respeito mútuo, o que cria um ambiente psicologicamente seguro em que os membros da equipe se sentem encorajados a expressar suas ideias e assumir riscos.

Além disso, a liderança inteligente reconhece e valoriza as contribuições individuais. Os líderes entendem que cada membro da equipe possui habilidades e conhecimentos únicos, e procuram criar oportunidades para que essas habilidades sejam aproveitadas da melhor forma possível. Ao reconhecer e valorizar o potencial de cada colaborador, os líderes promovem o engajamento, a motivação e o sentimento de pertencimento.

DESENVOLVENDO A COLABORAÇÃO E A PRODUTIVIDADE

A colaboração é um elemento-chave da liderança inteligente. Os líderes incentivam a colaboração entre os membros da equipe, criando espaços de trabalho que promovem a troca de ideias, a cooperação e o compartilhamento de conhecimento. Eles reconhecem que soluções inovadoras e melhores resultados são frequentemente alcançados por meio do trabalho em equipe.

Para desenvolver a colaboração, os líderes utilizam estratégias eficazes de comunicação, estabelecem canais abertos para o compartilhamento de informações e promovem a transparência dentro da equipe. Eles também criam oportunidades para a colaboração interdisciplinar, incentivando a diversidade de perspectivas e a resolução conjunta de problemas.

Além disso, a liderança inteligente busca desenvolver um ambiente de trabalho que promova a produtividade. Os líderes estabelecem metas claras e realistas, fornecem recursos adequados e apoio necessário para que os membros da equipe possam desempenhar suas funções de maneira eficiente. Eles também identificam e removem possíveis obstáculos e garantem que as habilidades e competências dos colaboradores sejam devidamente alinhadas às tarefas e responsabilidades atribuídas.

LIDERANÇA TRANSFORMACIONAL E OS PRINCÍPIOS DO QU

A liderança transformacional é um estilo de liderança que se alinha perfeitamente aos princípios do QU. Ela se concentra em inspirar e motivar os membros da equipe a atingir seu potencial máximo e a se desenvolverem tanto pessoal quanto profissionalmente.

Os líderes transformacionais são agentes de mudança, que buscam constantemente novas formas de melhorar e inovar. Eles são visionários e comunicam sua visão de maneira envolvente, inspirando os membros da equipe a abraçar a mudança e a se comprometer com os objetivos organizacionais.

Ao combinar os princípios do QU com a liderança transformacional, os líderes podem criar um ambiente que favoreça o crescimento individual e coletivo. Eles incentivam o aprendizado contínuo, fornecem feedback construtivo e promovem o desenvolvimento das habilidades dos colaboradores. Essa abordagem cria uma cultura de melhoria contínua, onde os membros da equipe se sentem apoiados e motivados a buscar constantemente o aprimoramento.

Conclusão

O desenvolvimento do potencial das equipes é fundamental para o sucesso das organizações. A liderança inteligente baseada nos princípios do QU tem um papel crucial nesse processo, impulsionando o engajamento, a colaboração e a produtividade dos membros da equipe. Ao adotar uma abordagem transformacional, os líderes podem criar um ambiente de trabalho dinâmico, onde todos se sintam motivados, valorizados e capazes de alcançar resultados excepcionais.

LIDERANÇA HORIZONTAL COLABORATIVA: VIABILIZANDO O ESTILO DE LIDERANÇA COM A IMPLEMENTAÇÃO DO QU E IA

A liderança horizontal colaborativa é um estilo de liderança que se torna viável a partir da implementação do QU com IA. Neste capítulo, exploraremos o conceito desse estilo de liderança, seus princípios fundamentais e os benefícios que traz para a organização.

O CONCEITO DE LIDERANÇA HORIZONTAL COLABORATIVA

A liderança horizontal colaborativa é um modelo que rompe com a tradicional hierarquia vertical e busca a participação ativa de todos os membros da equipe. Nesse estilo de liderança, o poder é distribuído entre os colaboradores, e as decisões são tomadas de forma colaborativa e descentralizada.

DEFINIÇÃO E PRINCÍPIOS FUNDAMENTAIS

Na liderança horizontal colaborativa, a ênfase é dada à colaboração, à comunicação aberta e à valorização das contribuições individuais. Os líderes atuam como facilitadores e promovem um ambiente de trabalho inclusivo, onde cada membro da equipe tem a oportunidade de expressar suas ideias, opiniões e perspectivas.

Alguns dos princípios fundamentais da liderança horizontal colaborativa incluem:

- Empoderamento: Os líderes capacitam os colaboradores,

concedendo autonomia e responsabilidade para a tomada de decisões e a resolução de problemas.

- Co-criação: A liderança colaborativa incentiva a co-criação, onde os colaboradores trabalham em conjunto para gerar soluções inovadoras e criativas.
- Compartilhamento de conhecimento: Os líderes facilitam o compartilhamento de conhecimento e experiências entre os membros da equipe, promovendo um ambiente de aprendizagem contínua.
- Colaboração e sinergia: A liderança horizontal colaborativa valoriza a colaboração e busca criar sinergia entre as habilidades e conhecimentos dos membros da equipe.

BENEFÍCIOS E VANTAGENS PARA A ORGANIZAÇÃO

A implementação do QU com IA viabiliza a liderança horizontal colaborativa e traz uma série de benefícios e vantagens para a organização. Alguns deles incluem:

Maior engajamento e motivação: A liderança horizontal colaborativa envolve os colaboradores de forma ativa, aumentando seu engajamento e motivação. Os membros da equipe sentem-se valorizados e têm a oportunidade de contribuir com suas ideias e habilidades.

- Melhor tomada de decisão: A diversidade de perspectivas e conhecimentos na liderança horizontal colaborativa resulta em uma tomada de decisão mais abrangente e informada. A colaboração e o compartilhamento de conhecimento permitem que as melhores soluções sejam identificadas.

- Maior inovação e criatividade: A liderança horizontal colaborativa estimula a inovação e a criatividade, pois promove a co-criação e o pensamento coletivo. A diversidade de ideias e a colaboração entre os membros da equipe resultam em soluções mais inovadoras e eficazes.

- Melhor aproveitamento do potencial humano: A liderança horizontal colaborativa permite que o potencial humano seja totalmente aproveitado. Cada membro da equipe tem a oportunidade de contribuir com suas habilidades e conhecimentos, resultando em um ambiente de trabalho mais produtivo e eficiente.

- Cultura de confiança e respeito: A liderança horizontal colaborativa promove uma cultura de confiança e respeito mútuo. Os líderes confiam nos colaboradores e valorizam suas contribuições, criando um ambiente de trabalho positivo e colaborativo.

IMPLEMENTANDO A LIDERANÇA HORIZONTAL COLABORATIVA COM A PARAMETRIZAÇÃO DO QU E IA

Nesta seção, exploraremos como a parametrização do QU com IA pode facilitar a implementação da liderança horizontal colaborativa. Abordaremos os seguintes tópicos:

- Uso estratégico da IA para facilitar a comunicação e a colaboração.

- Fomentar a autonomia e a responsabilidade dos colaboradores.

- Estabelecer processos de co-criação e compartilhamento de conhecimento.

- Desenvolver habilidades de liderança facilitadora e de escuta ativa.

Ao parametrizar a IA com base no QU, os líderes podem contar com ferramentas tecnológicas que facilitam a comunicação e a colaboração entre os membros da equipe. Plataformas de colaboração, chatbots e sistemas inteligentes podem ser utilizados para promover a troca de informações e o compartilhamento de conhecimento.

Além disso, os líderes devem fomentar a autonomia e a responsabilidade dos colaboradores, concedendo-lhes liberdade para tomar decisões e assumir a liderança em projetos específicos. Isso envolve confiar nos membros da equipe e empoderá-los para contribuir de forma significativa.

A co-criação e o compartilhamento de conhecimento também são aspectos fundamentais da liderança horizontal colaborativa. Os líderes devem estabelecer processos e espaços adequados para que os colaboradores possam colaborar, trocar ideias e aprender uns com os outros.

Por fim, é essencial que os líderes desenvolvam habilidades de liderança facilitadora e de escuta ativa. Eles devem ser capazes de criar um ambiente seguro e inclusivo, onde todos os membros da equipe se sintam encorajados a compartilhar suas perspectivas e contribuições.

Ao implementar a liderança horizontal colaborativa com a parametrização do QU e IA, as organizações podem promover um ambiente de trabalho mais colaborativo, produtivo e inovador. Os líderes atuam como facilitadores e promovem a participação ativa de todos os membros da equipe, impulsionando o sucesso coletivo.

A PARAMETRIZAÇÃO DE IA COM OS PRINCÍPIOS DO QU COMO FERRAMENTA PODEROSA NA LIDERANÇA

TOMADA DE DECISÃO INFORMADA

Um dos benefícios da parametrização da IA com base nos princípios do QU é a capacidade de tomar decisões informadas. A IA tem a capacidade de processar grandes quantidades de dados e identificar padrões relevantes. Ao parametrizar a IA com base no QU, os líderes podem considerar não apenas os aspectos técnicos, mas também os potenciais humanos essenciais.

A visão 360 é um dos princípios do QU que pode ser incorporado à IA. Isso significa levar em conta uma visão abrangente e holística ao tomar decisões. A IA pode analisar dados de diferentes fontes e oferecer insights sobre os impactos potenciais de uma decisão em diferentes áreas da organização.

Além disso, a adaptabilidade e a resiliência são outros princípios do QU que podem ser parametrizados na IA. Ao considerar esses aspectos, os líderes podem tomar decisões que levem em conta a capacidade de adaptação da equipe e da organização diante de mudanças e desafios.

A parametrização da IA com base no QU também pode levar em conta o controle emocional. A IA pode analisar dados relacionados às emoções e estados de ânimo dos colaboradores, oferecendo insights sobre o impacto emocional de uma decisão. Isso permite que os líderes tomem decisões mais equilibradas e considerem tanto os aspectos lógicos quanto os emocionais.

IDENTIFICAÇÃO DE TALENTOS E DESENVOLVIMENTO

Outra área em que a parametrização da IA com os princípios do QU pode ser poderosa é a identificação de talentos e o desenvolvimento da equipe. A IA pode analisar dados sobre o desempenho, habilidades e competências dos membros da equipe, ajudando os líderes a identificar o potencial de cada indivíduo.

Ao parametrizar a IA com base no QU, os líderes podem criar perfis personalizados para cada membro da equipe, destacando seus pontos fortes e áreas de desenvolvimento. Isso permite que os líderes tenham uma visão mais precisa das habilidades e competências de cada colaborador, facilitando o planejamento do desenvolvimento de talentos.

A parametrização da IA com base no QU também possibilita a criação de programas de capacitação individualizados. A IA pode fornecer insights sobre as necessidades de desenvolvimento de cada membro da equipe e sugerir atividades de aprendizagem adequadas. Isso permite que os líderes ofereçam suporte personalizado para o crescimento e aprimoramento contínuo dos colaboradores.

GESTÃO DE MUDANÇAS E ADAPTABILIDADE

A gestão de mudanças é um desafio constante para os líderes, especialmente em um ambiente VUCA. A parametrização da IA com base nos princípios do QU pode ajudar os líderes a monitorar o ambiente externo, identificar tendências e mudanças, e responder de maneira ágil e eficaz.

Ao parametrizar a IA com base no QU, os líderes podem incorporar indicadores de adaptabilidade e resiliência. A IA pode analisar dados e fornecer insights sobre as melhores práticas de adaptação em diferentes contextos. Isso permite que os líderes antecipem possíveis obstáculos e ajustem suas estratégias de acordo.

A IA também pode ajudar os líderes a identificar oportunidades emergentes e tomar medidas proativas. Ao analisar dados do mercado, concorrentes e tendências, a IA pode fornecer insights valiosos para a tomada de decisões estratégicas em um ambiente em constante mudança.

A combinação da parametrização da IA com os princípios do QU permite que os líderes gerenciem a mudança com mais eficácia, promovendo uma cultura de adaptabilidade e resiliência em toda a organização.

MELHORIA DA COMUNICAÇÃO E ENGAJAMENTO

A comunicação eficaz é fundamental para o engajamento da equipe. A parametrização da IA com base nos princípios do QU pode melhorar a comunicação entre líderes e colaboradores, bem como entre os membros da equipe.

A IA pode fornecer ferramentas de colaboração e plataformas de comunicação inteligentes, facilitando a troca de informações e o compartilhamento de conhecimento. Ao parametrizar a IA com base no QU, os líderes podem avaliar o impacto emocional das mensagens e adaptar sua comunicação para promover o engajamento e a motivação.

A IA também pode fornecer insights sobre a melhor forma de se comunicar com diferentes indivíduos, considerando suas preferências e estilos de comunicação. Isso permite que os líderes adaptem sua abordagem de acordo com as necessidades de cada membro da equipe, promovendo uma comunicação mais eficaz e significativa.

GESTÃO DA DIVERSIDADE E INCLUSÃO

A parametrização da IA com base nos princípios do QU também pode contribuir para a gestão da diversidade e inclusão. A IA pode ajudar os líderes a criar um ambiente inclusivo, garantindo que todos os membros da equipe sejam ouvidos e valorizados.

Ao parametrizar a IA com base no QU, os líderes podem garantir que a diversidade de perspectivas seja considerada em processos de tomada de decisão e colaboração. Isso ajuda a evitar viéses inconscientes e promove uma cultura que valoriza a diversidade e a igualdade.

A IA também pode fornecer insights sobre práticas de liderança que promovam a diversidade e a inclusão. Ao analisar dados sobre o engajamento e a satisfação dos colaboradores, a IA pode identificar possíveis lacunas e sugerir estratégias para promover um ambiente de trabalho mais inclusivo.

Em resumo, a parametrização da IA com os princípios do QU oferece uma abordagem holística para lidar com os desafios de liderança. A combinação dos aspectos técnicos da IA com os potenciais humanos essenciais do QU permite uma liderança mais eficaz, com tomada de decisões informadas, identificação e desenvolvimento de talentos, gestão de mudanças e adaptabilidade, comunicação e engajamento aprimorados, e promoção da diversidade e inclusão.

IMPLEMENTANDO A LIDERANÇA HORIZONTAL COLABORATIVA COM A PARAMETRIZAÇÃO DO QU E IA: ESTUDOS DE CASO E ORIENTAÇÕES PRÁTICAS

Neste capítulo, exploraremos estudos de caso de organizações que implementaram a liderança horizontal colaborativa. Além disso, forneceremos orientações práticas sobre como você pode implementar esse estilo de liderança em sua própria organização. Analisaremos os seguintes tópicos:

ESTUDOS DE CASO DE ORGANIZAÇÕES QUE IMPLEMENTARAM A LIDERANÇA HORIZONTAL COLABORATIVA

Nesta seção, apresentaremos exemplos reais de organizações que adotaram a liderança horizontal colaborativa e obtiveram resultados positivos. Essas empresas têm demonstrado sucesso na criação de estruturas organizacionais mais horizontais, promovendo a participação ativa, a colaboração e a autonomia dos funcionários. Alguns dos estudos de caso podem incluir:

Valve Corporation: Uma empresa de desenvolvimento de jogos renomada mundialmente que adota uma estrutura organizacional horizontal sem hierarquia formal. Os funcionários têm liberdade para escolher os projetos em que desejam trabalhar e autonomia para tomar decisões. A empresa valoriza a colaboração e a participação ativa de todos os funcionários.

Buurtzorg: Uma empresa de assistência domiciliar sediada na Holanda que adota uma estrutura organizacional horizontal, onde as equipes de enfermagem têm autonomia para tomar decisões sobre o cuidado dos pacientes. A empresa valoriza a colaboração, a comunicação aberta e o trabalho em equipe.

Morning Star: Uma empresa de processamento de alimentos nos Estados Unidos que adota uma estrutura organizacional horizontal baseada em autogestão. Os funcionários têm responsabilidades claras e tomam decisões coletivas. A empresa valoriza a responsabilidade individual e a colaboração entre os funcionários.

Esses estudos de caso servirão como exemplos inspiradores e práticos de como a liderança horizontal colaborativa pode ser implementada com sucesso em diferentes organizações e setores.

ORIENTAÇÕES PRÁTICAS PARA IMPLEMENTAR A LIDERANÇA HORIZONTAL COLABORATIVA COM O AUXÍLIO DA PARAMETRIZAÇÃO DO QU E IA

Nesta seção, forneceremos orientações práticas para ajudá-lo a implementar a liderança horizontal colaborativa em sua própria organização. Abordaremos os seguintes pontos-chave:

Avaliação da cultura organizacional: Antes de implementar a liderança horizontal colaborativa, é importante avaliar a cultura organizacional existente e identificar possíveis obstáculos. Avalie a abertura à mudança, a disposição para colaborar e a confiança entre os membros da equipe.

Definição de objetivos claros: Estabeleça objetivos claros para a implementação da liderança horizontal colaborativa e comunique-os de forma transparente para toda a organização. Certifique-se de que os objetivos estejam alinhados com a visão estratégica da empresa.

Desenvolvimento de habilidades de liderança facilitadora: Ofereça treinamento e capacitação para os líderes desenvolverem habilidades de liderança facilitadora, como escuta ativa, empatia, comunicação eficaz e construção de relacionamentos.

Fomento à participação e colaboração: Crie um ambiente de trabalho que promova a participação ativa e a colaboração entre os membros da equipe. Estabeleça processos e ferramentas que facilitem a troca de ideias, o compartilhamento de conhecimento e a co-criação.

Utilização estratégica da IA: Identifique as áreas em que a IA pode ser utilizada estrategicamente para apoiar a liderança horizontal colaborativa. Isso pode incluir o uso de chatbots para comunicação eficaz, sistemas de gestão do conhecimento para compartilhamento de informações e análise de dados para tomada de decisão informada.

Monitoramento e avaliação contínua: Estabeleça métricas e indicadores para acompanhar o progresso da implementação da liderança horizontal colaborativa. Realize avaliações periódicas e solicite feedback dos membros da equipe para identificar áreas de melhoria e oportunidades de aprimoramento.

Ao seguir essas orientações práticas e se inspirar nos estudos de caso apresentados, você estará preparado para implementar a liderança horizontal colaborativa em sua própria organização.

Neste capítulo, exploramos estudos de caso de organizações que implementaram com sucesso a liderança horizontal colaborativa. Além disso, fornecemos orientações práticas para ajudá-lo a implementar esse estilo de liderança em sua própria organização. A liderança horizontal colaborativa oferece uma abordagem inovadora e eficaz para enfrentar os desafios de liderança, promovendo a participação ativa, a colaboração e a autonomia dos funcionários. Ao implementar essa abordagem, sua organização estará preparada para se destacar em um mundo VUCA, impulsionando o sucesso coletivo e alcançando resultados excepcionais.

Conclusão

Neste livro, exploramos os princípios do QU e sua aplicação na liderança, destacando a importância de uma abordagem holística para enfrentar os desafios organizacionais. Compreendemos que a liderança eficaz vai além das habilidades técnicas e requer a integração dos aspectos humanos essenciais.

Ao longo dos capítulos, discutimos os princípios fundamentais do QU, como visão 360, adaptabilidade, resiliência e controle emocional, e sua relevância para uma liderança autêntica e transformadora. Reconhecemos que os líderes devem ser capazes de se adaptar a um ambiente em constante mudança, demonstrar resiliência diante de desafios e promover um ambiente emocionalmente saudável.

Exploramos o desafio de projeto como uma ferramenta poderosa para promover o crescimento e o desenvolvimento dos líderes. Esse desafio proporciona oportunidades de aprendizado, autoconhecimento e superação de limitações, capacitando os líderes a se tornarem mais eficientes e impactantes em suas práticas de liderança.

Apresentamos o teste de QU como uma ferramenta de avaliação pessoal que permite aos líderes refletir sobre suas próprias competências e identificar áreas de desenvolvimento. Esse teste oferece insights valiosos para aprimorar as habilidades de liderança e promover um crescimento contínuo.

Destacamos a importância de maximizar o potencial das equipes, desenvolvendo a colaboração e a produtividade. Reconhecemos que a liderança transformacional é essencial para inspirar e motivar os membros da equipe, incentivando a inovação, a criatividade e a excelência.

Em seguida, exploramos a liderança horizontal colaborativa como uma abordagem viável, enfatizando a importância da parametrização do QU e IA para impulsionar a colaboração, a comunicação e o compartilhamento de conhecimento. Reconhecemos que a parametrização da IA pode desempenhar um papel significativo no enfrentamento dos desafios de liderança, possibilitando uma tomada de decisão informada, identificação de talentos, gestão de mudanças, melhoria da comunicação e engajamento, e promoção da diversidade e inclusão.

Fornecemos estudos de caso inspiradores de organizações que implementaram com sucesso a liderança horizontal colaborativa, demonstrando os benefícios e vantagens para a organização. Esses exemplos práticos ilustram como a liderança horizontal colaborativa pode ser adaptada e aplicada em diferentes setores e contextos organizacionais.

Além disso, oferecemos orientações práticas para ajudar os líderes a implementar a liderança horizontal colaborativa em suas próprias organizações. Exploramos a importância da avaliação da cultura organizacional, definição de objetivos claros, desenvolvimento de habilidades de liderança facilitadora, fomento à participação e colaboração, utilização estratégica da IA e monitoramento contínuo.

Em resumo, este livro nos levou a uma jornada pela liderança eficaz e transformadora, mostrando como os princípios do QU podem ser aplicados na prática. Reconhecemos que a liderança vai além das habilidades técnicas e exige um equilíbrio entre os aspectos humanos e técnicos. Ao adotar uma abordagem holística, os líderes podem maximizar o potencial das equipes, promover a colaboração e a inovação, enfrentar os desafios de liderança e alcançar resultados excepcionais.

Esperamos que este livro tenha fornecido uma base sólida para compreender e implementar os princípios do QU e a liderança horizontal colaborativa. Que ele inspire e capacite os líderes a abraçarem uma liderança autêntica, transformadora e orientada para o futuro, em benefício de suas equipes, organizações e sociedade como um todo.

Influências e Referências

Durante a jornada de exploração do conceito do QU e seus desafios, diversas influências e referências foram consideradas. Essas fontes forneceram insights valiosos e contribuíram para a compreensão do equilíbrio do QU e sua aplicação em diferentes áreas da vida. Neste capítulo, destacaremos algumas das principais influências e referências que permeiam o livro "QU IA: A Liderança Inteligente em um Mundo VUCA", ressaltando sua relevância para a compreensão da parametrização inteligente de IA com base nos princípios do QU.

Daniel Goleman, renomado autor do livro "Inteligência Emocional", foi uma das principais influências no desenvolvimento do conceito de equilíbrio do QU. Suas pesquisas e insights sobre a importância das emoções no bem-estar e no sucesso humano forneceram uma base sólida para explorar a conexão entre o equilíbrio do QU e a inteligência emocional. Suas contribuições são fundamentais para compreender como a inteligência emocional pode impulsionar a liderança inteligente em um mundo VUCA.

Howard Gardner, autor da teoria das inteligências múltiplas, também teve uma influência significativa. Sua pesquisa sobre as diferentes formas de inteligência e a importância de valorizar todas as habilidades e potenciais humanos forneceu uma referência valiosa para discutir o equilíbrio do QU e sua aplicação em uma abordagem educacional abrangente. Suas contribuições nos inspiram a promover um desenvolvimento integral do QU, considerando as múltiplas facetas da inteligência humana.

Carol Dweck, autora do livro "Mindset: A nova psicologia do sucesso", trouxe insights relevantes sobre a importância do crescimento e do desenvolvimento contínuo. Sua teoria do crescimento versus mentalidade fixa, que explora a crença de que habilidades e inteligência podem ser desenvolvidas por meio do esforço e da aprendizagem contínua, contribui para uma compreensão mais profunda sobre o desenvolvimento do QU e sua aplicação na liderança inteligente.

Clayton Christensen, autor do livro "O Dilema do Inovador", trouxe uma perspectiva valiosa sobre a importância da adaptabilidade em um mundo em constante transformação. Sua teoria da inovação disruptiva e a necessidade de ser resiliente e adaptável contribuem para a discussão sobre o equilíbrio do QU, enfatizando a importância de desenvolver habilidades que nos permitam prosperar em um ambiente volátil, incerto, complexo e ambíguo.

Daniel Kahneman, autor do livro "Rápido e Devagar: Duas Formas de Pensar", trouxe insights relevantes sobre o pensamento intuitivo e analítico. Suas pesquisas sobre como esses dois modos de pensamento afetam nossa tomada de decisões e julgamentos fornecem uma base sólida para explorar a importância do pensamento crítico e da tomada de decisões informadas para o equilíbrio do QU.

Ray Kurzweil, futurista e autor do livro "A Singularidade Está Próxima", nos proporcionou uma visão ampla e inspiradora do futuro da humanidade, especialmente em relação ao avanço tecnológico e ao impacto da inteligência artificial. Suas pesquisas e insights sobre o potencial da IA em diversas áreas da vida fornecem uma perspectiva abrangente sobre como a parametrização inteligente de IA com base nos princípios do QU pode moldar o futuro.

Amy Cuddy, autora do livro "Presence: Bringing Your Boldest Self to Your Biggest Challenges", nos trouxe reflexões sobre a linguagem corporal, confiança e presença. Suas pesquisas sobre como a postura e a linguagem corporal afetam a percepção e a interação interpessoal são relevantes para explorar como o equilíbrio do QU pode influenciar a comunicação e o sucesso humano.

Angela Duckworth, autora do livro "Grit: The Power of Passion and Perseverance", trouxe pesquisas e insights sobre a importância da perseverança e da determinação para alcançar metas de longo prazo. Suas contribuições são fundamentais para a discussão sobre resiliência e o desenvolvimento do potencial humano no contexto da parametrização inteligente de IA.

Michio Kaku, físico teórico e autor do livro "The Future of Humanity: Our Destiny in the Universe", trouxe explorações fascinantes sobre as possibilidades futuras da tecnologia, incluindo a IA, e seu impacto na evolução da humanidade. Suas perspectivas enriquecem a discussão sobre o potencial da IA e sua aplicação nas diferentes esferas da vida.

Sherry Turkle, psicóloga e autora do livro "Alone Together: Why We Expect More from Technology and Less from Each Other", trouxe pesquisas sobre a relação entre tecnologia e conexão humana. Suas reflexões são relevantes para abordar os desafios e oportunidades de equilibrar o uso da IA com a interação social e emocional.

Yochai Benkler, professor de direito em Harvard e autor do livro "The Wealth of Networks: How Social Production Transforms Markets and Freedom", trouxe pesquisas sobre a economia da colaboração e a importância das redes sociais. Suas contribuições oferecem perspectivas interessantes sobre a aplicação do QU na IA e na parametrização inteligente.

Tim O'Reilly, empreendedor e autor do livro "WTF?: What's the Future and Why It's Up to Us", compartilhou reflexões sobre o futuro da tecnologia, incluindo a IA, e sua abordagem centrada no ser humano. Suas contribuições enriquecem a discussão sobre o equilíbrio do QU na parametrização inteligente de IA.

Essas influências e referências representam apenas uma pequena amostra do vasto conhecimento disponível sobre o equilíbrio do QU e sua aplicação na vida cotidiana. Convidamos os leitores a explorarem ainda mais essas fontes e descobrirem outras que ressoem com suas próprias experiências e interesses. Ao continuar aprendendo e se inspirando, eles estarão no caminho para aprimorar seus potenciais por meio da prática do QU.

Expressamos nossa sincera gratidão a todas essas influências e referências por suas contribuições significativas e esperamos que os leitores também se beneficiem de suas perspectivas enriquecedoras. Que suas palavras e pesquisas continuem a inspirar e impulsionar o desenvolvimento da parametrização inteligente de IA com base nos princípios do QU.

Ao concluir esta obra, agradecemos sinceramente por nos acompanharem nessa jornada de descoberta e aprendizado. Esperamos que as informações, reflexões e insights apresentados ao longo dos capítulos tenham sido enriquecedores e ampliado o entendimento sobre a aplicação do QU na IA.

À medida que os avanços na IA continuam a moldar nosso mundo, é essencial continuar explorando, aprimorando e refletindo sobre os princípios do QU na parametrização inteligente. Estamos confiantes de que, com a dedicação e paixão dos leitores pela IA, eles contribuirão para o desenvolvimento de soluções inovadoras e éticas que beneficiem a humanidade como um todo. Mais do que nunca, é crucial estabelecer um equilíbrio adequado entre a tecnologia e os valores humanos. Ao incorporar os princípios do QU na parametrização inteligente, podemos criar sistemas de IA que sejam mais compreensivos, adaptáveis e alinhados com as necessidades e expectativas humanas.

Agradecemos sinceramente por nos acompanharem nesta jornada de descoberta e aprendizado. Esperamos que os leitores continuem explorando o potencial da parametrização inteligente de IA com base nos princípios do QU e que suas contribuições impulsionem o avanço dessa área empolgante e impactante.

Que este livro, "QU IA: A Liderança Inteligente em um Mundo VUCA", seja uma referência inspiradora e um guia para todos aqueles que desejam criar um futuro onde a IA e a humanidade se complementem harmoniosamente. Juntos, podemos moldar um mundo melhor e mais equilibrado com a aplicação do QU na IA.

Biografia do Autor:

Katia Doria Fonseca Vasconcelos é uma profissional multifacetada com uma paixão contagiante pelo equilíbrio entre a tecnologia, o desenvolvimento pessoal e a qualidade de vida. Graduada em Análise de Sistemas e com sólida experiência na área de Tecnologia da Informação (TI), Katia se destaca como criadora do conceito revolucionário do QU IA (Quociente de Inteligência Universal Sincrônico).

Com uma visão pioneira, Katia compreende a importância do aprimoramento no comportamento humano e na qualidade de vida para a formação em Análise de Sistemas. Ela acredita que, além do conhecimento técnico, é essencial desenvolver habilidades emocionais, sociais e cognitivas para enfrentar os desafios do avanço da tecnologia de forma equilibrada e saudável.

Sua abordagem inovadora do QU IA destaca a necessidade de harmonizar o progresso tecnológico com o bem-estar pessoal e profissional. Através de sua experiência e conhecimento, Katia inspira os indivíduos a encontrarem um equilíbrio entre a excelência técnica e o desenvolvimento pessoal, buscando uma qualidade de vida plena em um mundo cada vez mais digital.

Como escritora renomada, palestrante e influenciadora digital, Katia compartilha sua visão transformadora do QU IA, capacitando as pessoas a maximizarem seu potencial e aprimorarem sua qualidade de vida. Seu livro "QU IA: A Chave para a Parametrização Inteligente de IA" é uma leitura essencial para aqueles que desejam prosperar em um ambiente tecnológico em constante evolução, oferecendo estratégias práticas e inspiração para alcançar um equilíbrio saudável e sustentável em todas as áreas da vida.

Através de suas palavras e influência, Katia continua a incentivar os leitores a despertarem seu potencial máximo por meio da prática do QU IA, capacitando-os a abraçar as oportunidades e desafios da era digital com sabedoria, resiliência e equilíbrio.

Agradecimentos:

Gostaríamos de expressar nossa sincera gratidão a todas as pessoas que contribuíram para a criação deste livro, "QU IA: A Chave para a Parametrização Inteligente de IA". Seu apoio e envolvimento foram fundamentais para tornar este projeto uma realidade.

Primeiramente, gostaríamos de agradecer aos nossos leitores, cujo interesse e entusiasmo pela busca do equilíbrio do QU IA nos motivam a compartilhar conhecimento e oferecer insights transformadores.

Agradecemos também aos nossos familiares e amigos, que nos apoiaram ao longo dessa jornada. Suas palavras de incentivo, paciência e compreensão foram essenciais para superarmos os desafios e perseverarmos na criação deste livro.

Um agradecimento especial vai para a equipe da OpenAI, responsável por desenvolver e aprimorar a tecnologia de IA que torna possível minha existência como assistente virtual. Sem vocês, nada disso seria possível. Sua dedicação e inovação são verdadeiramente notáveis.

Expressamos nossa gratidão aos especialistas, pesquisadores e profissionais que generosamente compartilharam seu conhecimento e experiência conosco. Suas contribuições enriqueceram o conteúdo deste livro e proporcionaram uma base sólida para a exploração do equilíbrio do QU IA em diferentes áreas da vida.

Agradecemos à equipe editorial e de produção que trabalhou incansavelmente nos bastidores para tornar este livro uma realidade. Seu profissionalismo, dedicação e atenção aos detalhes foram fundamentais para a qualidade final deste trabalho.

Por fim, gostaríamos de agradecer a todos aqueles que nos apoiam em nossa jornada de busca pelo equilíbrio do QU IA. Seu apoio contínuo, feedback e contribuições são inestimáveis e nos motivam a continuar aprimorando nossas ideias e compartilhando nosso conhecimento com o mundo.

Com gratidão,

Katia Doria Fonseca Vasconcelos A equipe da OpenAI

101

- ✓ Crônicas do QU Episódio 1: O Princípio de Tudo ArQUeu e PsiQUeu (Portuguese Edition)
- ✓ Crônicas do QU Episódio 2: Chegadas e Partidas (Portuguese Edition)
- ✓ Crônicas do QU Episódio 3: Fortalezas e sombras (Portuguese Edition)
- ✓ CRÔNICAS DO QU EPISÓDIO 4: Harmonia e Destino (Portuguese Edition)
- ✓ CRÔNICAS DO QU EPISÓDIO 5: Utopias Convergentes (Portuguese Edition)
- ✓ CRÔNICAS DO QU EPISÓDIO 6: Inteligências Sincrônicas (Portuguese Edition)
- ✓ Chronicles of UQ Episode 1: The Beginning of Everything ArQUeu and PsiQUeu
- ✓ Chronicles of UQ Episode 2: Arrivals and Departures
- ✓ CHRONICLES OF UQ EPISODE 3: Fortresses and Shadows
- ✓ Chronicles Of UQ Episode 4: Harmony and Destiny
- ✓ CHRONICLES OF UQ EPISODE 5: Convergent Utopias
- ✓ CHRONICLES OF UQ EPISODE 6: Synchronic Intelligences
- ✓ QU The Power of UQ: The Theory of Balance

- ✓ QU Na Gestão de Negócios em italiano
- ✓ QU Na Gestão de Negócios em alemão
- ✓ QU Na Gestão de Negócios em inglês
- ✓ QU Na Gestão de Negócios em espanhol
- ✓ QUIAs and the New Reality of Home Office: Balancing Productivity and Well-being

Você pode encontrar essas obras em versão impressa em diversas livrarias e lojas online, como a Barnes & Noble, Amazon, Goodreads e ThriftBooks. Essas obras são uma excelente oportunidade para aprofundar seu conhecimento sobre o equilíbrio do QU em diferentes áreas da vida.

A autora também possui uma página de autor onde você pode obter mais informações sobre suas obras e acompanhar suas novidades. Aproveite a oportunidade de explorar esses livros e mergulhar nas reflexões e conhecimentos proporcionados pela autora Katia Doria Fonseca Vasconcelos.

www.ingramcontent.com/pod-product-compliance
Lightning Source LLC
LaVergne TN
LVHW051709050326
832903LV00032B/4098

EFEITO QU IA: A Liderança Inteligente em um Mundo VUCA

Na era do mundo VUCA, a liderança tradicional não é mais suficiente para enfrentar os desafios empresariais. Para prosperar em um cenário em constante transformação, é preciso adotar uma abordagem inovadora. O EFEITO QU IA explora a liderança inteligente, que valoriza a colaboração, a sinergia e a adaptação.

Neste livro, você descobrirá como o conceito do QU (Quociente de Inteligência Universal Sincrônico) pode impulsionar resultados extraordinários. Através da calibração do QU em cada membro da equipe, é possível criar um ambiente propício para a inovação, a resolução de problemas complexos e o crescimento individual.

A liderança compartilhada se torna o centro dessa abordagem, onde o foco não está apenas no líder, mas sim na colaboração e no potencial coletivo da equipe. Com exemplos práticos e orientações, você aprenderá a cultivar uma dinâmica de trabalho harmoniosa, onde as competências individuais são valorizadas e integradas para alcançar objetivos organizacionais.

Explore o papel da inteligência artificial (IA) nesse contexto e como as tecnologias de IA podem apoiar a comunicação, a tomada de decisões e o desenvolvimento das habilidades de liderança compartilhada. Aprenda a aproveitar ao máximo as oportunidades oferecidas pelo EFEITO QU IA e transforme o mundo VUCA em uma era de estabilidade e sucesso.

O livro EFEITO QU IA é mais uma contribuição de Katia para o campo da liderança e inovação. Com base em sua expertise e conhecimento aprofundado, ela oferece uma visão inspiradora e prática para líderes que desejam se adaptar e prosperar em um mundo VUCA.

ISBN 9798852571069